CATALOGUE

D'UNE BELLE COLLECTION

DE

PORTRAITS

ET

PIÈCES HISTORIQUES

Des époques Henri IV, Louis XIII et Louis XIV

COMPOSANT LA COLLECTION

De Feu M. PECARD

Directeur du Musée archéologique de Tours

DONT LA VENTE AUX ENCHÈRES PUBLIQUES AURA LIEU

HOTEL DROUOT, SALLE N° 4

AU PREMIER ÉTAGE

Les Lundi 22 et Mardi 23 Avril 1872

A UNE HEURE PRÉCISE

Par le ministère de **Me DELBERGUE-CORMONT**, Commiss.-Priseur,
rue de Provence, 8,
Assisté de **M. CLEMENT**, M^d d'Estampes de la Bibliothèque nationale,
rue des Saints-Pères, 3.

EXPOSITION PUBLIQUE

Le Dimanche 21 Avril 1872, de 1 heure à 5 heures.

PARIS — 1872

CONDITIONS DE LA VENTE

Elle sera faite au comptant.

Les Acquéreurs paieront CINQ POUR CENT en sus des enchères applicables aux frais.

L'Expert chargé de la vente se réserve la faculté de rassembler ou de diviser les Lots.

ORDRE DES VACATIONS

Lundi 22 Avril............. N° 1 à 252
Mardi 23 Avril............. 253 à la fin.

DÉSIGNATION
DES
ESTAMPES

AIMONIUS

1 — Mornay (Philippe de). Seigneur du Plessis-Marly, conseiller d'Etat et gouverneur de Saumur.
   Très-belle épreuve.

ANONYMES

2 — Assassinat d'Henri IV, par Ravaillac, gravé sur bois, dans le fond est représenté le supplice de Ravaillac.
   Très-belle épreuve. Rare.

3 — Assassinat de Henri IV, avec huit vers hollandais au bas.

4 — Supplice de Ravaillac. Pièce publiée en Hollande.

5 — Plan de la ville de Reims où fut sacré le roi Louis XIII, le 17 octobre 1610.

6 — Inauguration de la statue de Louis XIII sur la place royale, en 1639.

7 — Entrée de la duchesse d'Epernon dans la ville de Metz, grande pièce en largeur.

8 — La ville de Nancy, capitale de Lorraine, pourtrait au vif comme elle est ceste année 1617. Pièce rare.

9 — Siége de Turin, sur le devant un soldat français et un espagnol se battent en duel.
   Très-belle épreuve.

— 4 —

ANONYMES

10 — Plan et ordre des États Généraux suivant leurs bailliages, divisés en douze gouvernements. Grande feuille imprimée avec les portraits de Henri IV et de Louis XIII, en ovale. Gravure sur bois.

11 — Pièce satyrique publiée en 1618 contre les financiers, dans le haut, vers la droite, Louis XIII assis sur des nuages.
Très-belle épreuve.

12 — Anne d'Autriche, reine de France, in-fol, en grand costume.
Superbe épreuve. Rare.

13 — Anne d'Autriche en costume de veuve, avec quatre vers en bas.
Très-belle épreuve.

14 — Condé (Claire-Clémence de Maillé-Brézé, princesse de), femme du grand Condé. Petit portrait dans un ovale entouré de guirlandes de fleurs.
Très-belle épreuve d'un portrait rare.

15 — Dumoulin (Pierre), ministre protestant qui se rendit en Angleterre sur l'invitation de Jacques Ier pour conférer sur la réunion des églises.
Très-belle épreuve.

16 — Statue équestre de Henri le Grand, sur son piédestal; aux angles se trouvent les quatre esclaves enchaînés, qui ont été enlevés depuis. 2 pièces.
Très-belles épreuves.

17 — Portraits du cardinal de Joyeuse, qui sacra Louis XIII le 17 octobre 1610. 2 pièces. *Blondel*

18 — Léopold Ier empereur d'Allemagne.
Très-belle épreuve.

19 — Longueville (Henri d'Orléans, duc de), gouverneur de Normandie. Petit in-4.
Très-belle épreuve.

ANOMYMES

20 — Louis XIII, roi de France, en costume royal. Petit portrait rare.
Belle épreuve.

21 — Louis XIII et Anne d'Autriche en regard l'un de l'autre, sur la même feuille. Deux Amours tiennent une couronne royale sur leur tête.
Très-belle épreuve.

22 — Louis XIII, roi de France et de Navarre, 1610. Charmant petit portrait dans un ovale entouré d'ornements; le personnage est coiffé d'un chapeau à grands bords.
Très-belle épreuve.

23 — Louis XIII en buste dans un entourage d'ornements.
Belle épreuve.

24 — Orléans (Gaston, duc d') dans un entourage d'ornements.
Très-belle épreuve.

25 — Gaston d'Orléans, frère unique du roi Louis XIII. Très-joli petit portrait.
Très-belle épreuve.

26 — Soissons (Charles de Bourbon, comte de). Portrait de forme ovale.
Très-belle épreuve.

27 — Soissons (Charles de Bourbon, comte de).
Très-belle épreuve.

28 — Vallet (Pierre), brodeur ordinaire du roi. Petit portrait rare.

AUGUSTAN

29 — Portrait et Tombeau du prince de Saxe-Weimar. Deux pièces.

BAILLU (P. DE)

30 — Bourbon (Antoine de), comte de Moret, d'après Van-Dyck.
Très-belle épreuve.

31 — Urfé (Honoré d'). Gentilhomme ordinaire de la chambre du roi, d'après Van-Dyck.
Belle épreuve.

BOLSWERT

32 — Marguerite de Lorraine, seconde femme de Gaston d'Orléans.
Très-belle épreuve.

BOSRUCHERS (H. B.)

33 — Godefroy (Denis), jurisconsulte célèbre.
Belle épreuve.

BOSSE (ABRAHAM)

34 — Suite de 16 planches pour éloges et discours sur la triomphante réception du roy en sa ville de Paris, après la réduction de la Rochelle, accompagnés des figures, tant des arcs de triomphe que des autres préparatifs (D. 1187-1202).
Très-belles épreuves, une pièce manque à la suite.

35 — Quatre Estampes relatives à la naissance du Dauphin (D. 1203-1206).
Très-belles épreuves. Rares.

36 — Suite de quatre pièces pour les noms, surnoms, qualitez, armes et blasons des chevaliers et officiers de l'ordre du Saint-Esprit (D. 1207-1210).
Superbes épreuves, avec légende.

37 — Le duc de Mantoue à cheval, à gauche de l'estampe, reçoit les clefs de la ville que lui apporte un seigneur (1219).
Très-belle épreuve.

BOSSE (Abraham)

✗ 38 — Le Siége de la Motte : le Mareschal de La Force, à cheval, et ayant à ses côtés un gentilhomme, en dirigé le siége (1220). *Duple 30*
Très-belle épreuve.

39 — Les Vœux du roi Louis XIII et de la reine à la Vierge (D. 1225).
Très-belle épreuve.

40 — La Joie de la France (D. 1226) : au milieu de l'estampe, la France revêtue du manteau royal tient le Dauphin entre ses bras.
Très-belle épreuve.

41 — Les Forces de la France (1228) : vers le milieu on voit Louis XIII et Gaston d'Orléans à cheval.
Superbe épreuve.

42 — Louis XIII en buste au milieu de deux palmiers entrelacés (1239).
Très-belle épreuve.

43 — Louis XIII à genoux devant un autel (D. 1240).
Très-belle épreuve.

44 — La même estampe.
Belle épreuve.

45 — Louis XIII, représenté sous la figure d'Hercule, tient une massue sur son épaule (1241).
Très-belle épreuve.

46 — Michel Larcher, président de la Chambre des comptes.
Très-belle épreuve.

BOUDAN

47 — Portrait de Louis XIV enfant, tenant le sceptre de milice.

BOUDAN et HABERT

48 — Le Fèvre de Caumartin, — Cardinal Barberin, — Abel de Sainte-Marthe, — Ch. de Lorraine, duc de Guise, — Le Fèvre de Caumartin, — L. de Pontis, etc. 10 pièces.
Très-belles épreuves.

BOULANGER

49 — Portrait en pied de Gustave Adolphe, roi de Suède.
50 — Louis XIII en pied, coiffé d'un chapeau à plumes et tenant un bâton de commandement.

BRIOT (Isaac)

51 — Le Portrait de très-hault, très-puissant, très-excellent prince Henry le Grand, par la grâce de Dieu roi de France et de Navarre, très-chrétien, très-auguste, très-victorieux et incomparable en magnanimité et clémence, qui trespassa en son palais du Louvre, le vendredi 14 mars, 1610. Au-dessus des chapelles ardentes on lit l'épitaphe du roi en quatre vers et en bas 16 vers et l'adresse de N. de Mathonière. Pièce très-rare (R. D. 125).
Magnifique épreuve.

52 Portrait équestre de Louis XIII faisant son entrée à Arles, en 1622.

BRIOT (N.)

53 — Portrait de de Gesvres, petit portrait rare.
Très-belle épreuve.

BRIOT et M. LASNE

54 — Anne d'Autriche, reine de France, en grand costume.
Superbe épreuve d'un portrait rare.

CALLOT (J.)

55 — Louis XIII, roi de France (M. 507), portrait équestre gravé par M. Lasne; le fond représente la bataille de Veillane, par Callot.
<small>Superbe épreuve.</small>

56 — Combat de Veillane, près de Turin, livré le 10 juillet 1630 (M. 509).
<small>Très-belle épreuve.</small>

57 — Vallette (Bernard de) et de Foix, duc d'Épernon, gouverneur de Metz. Portrait équestre, gravé par M. Lasne. Dans le fond est représentée la ville de Metz, gravée par Callot. M. 1003.
<small>Superbe épreuve, signée de P. Mariette, 1677. Rare.</small>

58 — Siéges de La Rochelle et de l'île de Rhé.
<small>Épreuves postérieures.</small>

CHASTILLON

59 — Vues de Châlons, — Rosny, — Dôle, — Château de Sillery, — Gergeau, — Montauban, — Saint-Jean d'Angély, — Privas, etc. 18 pièces.

CIARTRES (F. L. D.)

60 — Vair (Guillaume du), garde des sceaux, puis évêque de Lisieux.
<small>Très-belle épreuve.</small>

CLERC (Ex.)

61 — Élisabeth de France, femme de Philippe IV, roi d'Espagne.
<small>Très-belle épreuve.</small>

COCHIN

62 — Plans et Vues des siéges de Castelet, Pignerol, Corbie, Collioure. 8 pièces, d'après Beaulieu.

DANCKERTS (Ex.)

63 — Molinœus (Pierre), docteur en théologie.
Belle épreuve.

DARET (P.)

64 — Gentilhomme (René), poëte.
Très-belle épreuve.

65 — Harcourt (Henri de Lorraine, comte de), général des armées du roi en Italie, qui gagna la bataille de Cazal contre les Espagnols et leur fit lever le siége, le 29 avril 1640. Portrait équestre.

66 — Laubespine (Messire Charles de), garde des sceaux de France. Portrait in-fol.
Superbe épreuve.

67 — Dame Marie de La Chastre, femme de G. de Laubespine, baron de Châteauneuf.
Très-belle épreuve.

68 — Louis XIII et Anne d'Autriche à genoux sur un prie-dieu ; deux saints sont debout derrière eux.

69 — Portrait équestre de Louis XIII, couronné de lauriers.

70 — Statue de Louis XIII, élevée à La Rochelle après la prise de cette ville.

71 — Marie de Cossé, duchesse de La Meilleraye.—Marie de Rohan, duchesse de Chevreuse. Deux pièces.

72 — Portraits de personnages célèbres de l'époque Louis XIII. 28 pièces.

DAVID (J. H.)

73 — Richelieu (Armand-Jean Duplessis, cardinal de). Portrait in-fol. équestre, avec huit vers au bas.
Très-belle épreuve d'un portrait rare.

DAVID (J.-H.)

74 — Anne d'Autriche, reine de France. Portrait équestre, avec huit vers au bas.
Superbe épreuve d'une pièce rare.

75 — Aiguillon (Marie de Vignerod duchesse d'). Portrait équestre in-fol., avec huit vers au bas.
Superbe épreuve très-rare.

76 — Marie princesse de Mantoue, duchesse de Nivernais.
Superbe épreuve d'un portrait rare et beau.

77 — Soissons (Louis de Bourbon, comte de), tué à la bataille de la Marfée, en 1641.
Très-belle épreuve.

DELFF (G. J.)

78 — Charles Ier, roi d'Angleterre. — Henriette-Marie de France, reine d'Angleterre. Deux portraits faisant pendant, d'après Daniel Mytens.
Très-belles épreuves.

79 — Coligny (Gaspard III, comte de), d'après Mireveld.
Superbe épreuve.

DIVERS

80 — N. Brulart de Sillery. — cardinal de La Rochefoucauld. — N. Cœffeteau. — Maréchal de Toiras, etc. 7 pièces.
Très-belles épreuves.

81 — Prince de Condé. — Comtesse de Grimberghe. — Jean, comte de Nassau. — Maréchal de Toiras, etc. 7 pièces.

82 — Maréchal de Créquy. — Ch. de Schomberg. — Le Fèvre de Caumartin. — Duc de Longueville. — Duc Montmorency, etc. 8 pièces.

83 — Ferdinand, empereur d'Allemagne. — Simon Vouet. — Petrus Jeannin. — P. Davity — Jacques Boyceau. — Davila, etc. 7 pièces

DIVERS

84 — Portraits du cardinal de Richelieu. 14 pièces.
85 — Richelieu, Henri IV, Ravaillac, etc. 6 pièces.
86 — Ch. Justel, B. Tremblet, Pierre de Fabri, Claude Lebrun, Boyer d'Aguilles, Cyrano de Bergerac, etc. 7 pièces,
87 — Anne d'Autriche, Louis XIII, Richelieu, Séguier, Marie de Médicis. 7 portraits en pied, tirés de la galerie Cardinale.
88 — Différents Portraits de Louis XIII. 9 pièces.
89 — Petits titres de livres où Louis XIII est représenté de différentes manières. 9 pièces.
Très-belles épreuves.
90 — Metezereau, constructeur de la digue de la Rochelle, Richelieu, Du Verger de Hauranne, abbé de Saint-Cyran, Christine, de Suède, L. Dupuy, etc. 7 pièces.
91 — De Hauranne, abbé de Saint-Cyran, Cl. d'Expilly, duc de Chevreuse, Schomberg, F. de Malherbe, J. Morgues, cardinal de La Valette, etc. 11 pièces,
92 — Cartes géographiques, Plans, Vues de ville, etc. 19 pièces.

DREVET (Cl.)

93 — Besenval (Jean-Victor), baron de Brunstat, lieutenant général des armées, d'après Meissonier.
Très-belle épreuve.

DREVET (P. J.)

94 — Cisternay Du Fay (Charles-Jérôme de), capitaine aux gardes françaises.
Très-belle épreuve.
95 — Dubois (Guillaume), cardinal, d'après Rigaud.
Très-belle épreuve.

DENIZOT

96 — Perron (Jacques Davy Du), évêque d'Evreux, cardinal, puis grand aumônier de France et archevêque de Sens.
Très-belle épreuve.

EDELINCK (G.)

97 — Gassion (J. de), mareschal de France (R. D. 213).
Très-belle épreuve.

98 — Werguignœul (Révérende dame Florence de) (R. D. 339).
Très-belle épreuve.

99 — Nicolas Le Fèvre. — Achilles de Harlay. — Cardinal Du Perron. Paul Pelisson. — F. Pithou. — Cl. Mellan. — N. Cœffetcau. — De Sainte Marthe. — G. Du Vair. — Philippeaux de Pontchartrin. — J. de Benserade, etc. 11 pièces.
Superbes épreuves.

FALCK (H.)

100 — Orléans (Anne-Marie-Louise d'), duchesse de Montpensier, dite la grande Mademoiselle, fille de Gaston d'Orléans.
Superbe épreuve d'un portrait rare.

101 — Tristan, sieur de Saint-Amant, gentilhomme ordinaire de la chambre du roi.
Très-belle épreuve.

FIRENS (P.)

102 — Louis XIII et Anne d'Autriche sur la même feuille, en regard l'un de l'autre, avec armes et ornements ; en haut et en bas quatre vers. Pièce très-rare.
Superbe épreuve.

103 — Louis XIII, roi de France. Portrait équestre.
Très-belle épreuve.

FIRENS (P.)

104 — Les Armes, Blasons des chevaliers du saint Esprit, creez par Louis XIII, roi de France et de Navarre. 135 pièces, le titre seul est gravé par Firens.

FROSNE (J.)

105 — Estampes (Henri d') de Valençay, grand'croix et Bailly de Malthe, grand prieur de France, etc.
Très-belle épreuve.

106 — Valois (Louis-Emmanuel de), duc d'Angoulême, gouverneur de Provence.
Très-belle épreuve.

GALLE (C.), PAULUS, etc.

107 — Entrée de la reine Marie de Médicis dans les Pays-Bas. Suite de cinq pièces.
Très-belles épreuves.

GANIÈRE (J.)

108 — Louis XIII, en buste, de chaque côté des figure allégoriques.

109 — Montmorency (Henri, duc de).
Belle épreuve.

110 — Orléans (Gaston de France, duc d'). — Marguerite de Lorraine, duchesse d'Orléans. Deux portraits en pied avec huit vers au bas.
Très-belles épreuves. Très-rares.

GANTREL

111 — Pièce allégorique sur l'Académie française, au milieu trois fleurs de lys, en haut le portrait de Richelieu et en bas le chancelier Séguier et tous les noms des membres de l'Académie inscrits sur des feuilles de laurier.

GAULTHIER (L.)

112 — Besse (Pierre de), docteur en théologie, prédicateur célèbre.
Très-belle épreuve.

113 — Bouchart (Alexandre), vicomte de Blosseville.
Belle épreuve.

114 — Bourbon (Henri II de), prince de Condé, premier prince du sang.
Très-belle épreuve.

115 — Courval (Thomas Sonnet, sieur de), docteur en médecine.
Superbe épreuve.

116 — Estienne (François), président au parlement de Provence.
Belle épreuve avec texte au verso.

117 — Faber (Nicolas), précepteur de Louis XIII.
Très-belle épreuve.

118 — Gamaches (Philippe de), docteur de Sorbonne.
Belle épreuve avec texte au verso.

119 — *Le Portrait du défunct roy Henry le grand IIIIe du nom, roy de France et de Navarre, en son lict de deuil.* Pièce très-rare ; en bas huit vers et l'adresse de Firens, 1610.
Superbe épreuve.

120 — *Louis XIII en pied, dans ses habits royaux* tenant le sceptre de milice et la main de justice ; tout le fond est semé de fleurs de lys. Pièce de la plus grande rareté.
Superbe épreuve.

121 — Louis XIII en habits royaux, tenant la main de justice et le sceptre de milice. Charmant portrait.
Superbe épreuve. Très-rare.

122 — Louis XIII, à genoux, rend grâce à Dieu de son couronnement. Pièce rare.
Superbe épreuve, avec texte au verso.

GAULTHIER (L.)

123 — *Marie de Médicis*, reine de France et de Navarre, Portrait en pied, en costume de veuve, avec quatre vers au bas. Pièce d'une grande rareté.
<small>Superbe épreuve avec texte au verso.</small>

124 — Longueville (Henri d'Orléans, duc de).
<small>Très-belle épreuve.</small>

125 — Masson (Papire), avocat au parlement de Paris.
<small>Très-belle épreuve, avec texte au verso.</small>

126 — Mornay (Philippe de), seigneur du Plessis-Marly, gouverneur de Saumur.
<small>Belle épreuve.</small>

127 — Pasquier (Etienne), avocat du roi à la chambre des comptes de Paris.
<small>Très-belle épreuve.</small>

128 — Pasquier (Etienne), avocat du roi à la chambre des comptes de Paris. Deux portraits, l'un et l'autre in-8.

129 — Petit (Franciscus). In-4.
<small>Très-belle épreuve.</small>

130 — Sillery (Nicolas Brulart de), chancelier de France.
<small>Très-belle épreuve.</small>

131 — J. de Renou. — Louis XIII. — Henri de Gondi. — Le comte de Soissons. — Louis XIII. — Jean Chenu, etc. 8 pièces.

132 — Titre de l'histoire universelle de toutes les nations; en haut le portrait de Louis XIII.
<small>Très-belle épreuve.</small>

133 — Titre de la création des chevaliers du Saint-Esprit, de chaque côté les portraits de Henri IV et Louis XIII, au milieu le portrait de Henri III, en bas une vue de Paris.
<small>Très-belle pièce. Très-belle épreuve.</small>

GOYRAND (Cl.)

134 — Lorens (Jacques du), jurisconsulte, commentateur des coutumes de Châteauneuf, d'après Quesnel.
Très-belle épreuve.

HABERT (N.)

135 — Michel Lasne, graveur. — Puget de Laserre en pied, par M. Lasne. 2 pièces.
Très-belles épreuves.

HALBECK (J.)

136 — Le Tombeau de très-chrestien, très-auguste, très-clément, très-victorieux et incomparable prince Henry le Grand, d'éternelle mémoire, roi de France et de Navarre ; autour du tombeau sont représentés priant : la France, l'Église, la noblesse, le tiers-état. Grande estampe in-fol., dediée à la royne. Très-rare.
Superbe épreuve.

137 — Le Sacre et couronnement du roy très-chrestien Louis XIII, roi de France et de Navarre, célébré à Reims, le dimanche dix-septième octobre M. D. C. X. Grande estampe in-fol. avec légende explicative, publiée par Jean Leclerc, en 1610. De la plus grande rareté.
Superbe épreuve.

138 — Ordre et séance des états généraux, tenus à Paris dans la salle de Bourbon, le 27 octobre 1614. Grande pièce en forme de frise ; vers la gauche sont représentés le roi, la reine et Monsieur. Pièce rare.
Superbe épreuve.

HEYDEN

139 — Valette (Louis de Nogaret de), archevesque de Toulouse, puis cardinal.
Très-belle épreuve.

HOLLAR (W.)

140 — Henriette de France, reine d'Angleterre. — Le même personnage, par Frosne. Deux pièces.
Très-belles épreuves.

HONDIUS (H.)

141 — Henri IV, roi de France.
Très-belle épreuve.

142 — Louis XIII, roi de France.
Belle épreuve.

HUMBELOT

143 — Estrées (César d'), évêque de Laon, puis cardinal.
Très-belle épreuve.

144 — La Meilleraye (Charles de la Porte, duc de), maréchal de France. Très-beau portrait équestre.
Superbe épreuve.

HURET (G.)

145 — Le roi Louis XIII et la reine Anne d'Autriche vouant le Dauphin à la sainte Vierge. Belle pièce in-fol. en hauteur.
Très-belle épreuve.

146 — Anne d'Autriche, accompagnée de la reine d'Angleterre et de la duchesse de Savoie, à genoux aux pieds de la Vierge. Cette pièce sert de titre aux Épîtres morales du P. Sébastien de Senlis, capucin.

147 — Le Flambeau de Juste, titre de livre où sont représentés Louis XIII, Louis XIV, Richelieu et les principaux personnages de la cour.

148 — Louis XIII dans la gloire.
Très-belle épreuve.

HURET (G.)

149 — Louis XIII à cheval, accompagné du Dauphin, Philippe et Gaston d'Orléans, de Richelieu, précédés de la force et de la prudence. Pièce historique, publiée au moment de la prise d'Arras ; dans le fond on voit cette ville.

150 — Grande Thèse en l'honneur du cardinal de Richelieu. Grande estampe en quatre morceaux assemblés.
Très-belle épreuve.

151 — Grande Thèse de philosophie dédiée au cardinal de Richelieu, au haut de laquelle se trouve son portrait. Estampe imprimée en deux feuilles.
Très-belle épreuve.

152 — Ouverture du théâtre de la grande salle du palais Cardinal, Mirame tragi-comédie. Suite de six pièces, représentant les scènes et décors de cette pièce.
Très-belles épreuves. Rares.

153 — Le Courtisan réformé suivant l'édit dernier. — Philandre suivant la permission de l'édit. — La Dame réformée suivant l'édit. — La Dame suivant l'édit, par Bosse. Quatre pièces.
Très-belles épreuves.

154 — Camboust de Coislin (Pierre-Armand du), premier aumônier du roi, puis évêque d'Orléans.
Très-belle épreuve.

155 — Grand Portrait à cheval du comte de Guébriant, gagnant la victoire de Kempen, le 17 janvier 1642.
Très-belle épreuve.

156 — Louis XIV, roi de France, n'étant encore que Dauphin, dans un ovale entouré d'ornements.
Très-belle épreuve.

157 — Mazarin (Jules), cardinal.
Très-belle épreuve.

HURET (G.)

158 — Richelieu (Armand-Jean Duplessis de), cardinal, assis dans un fauteuil; à droite la France lui apparaissant sur des nuages. — Le même personnage dans un médaillon, soutenu par la Charité. 2 pièces.
　Très-belles épreuves.

159 — Rochefoucault (François de la), grand aumônier de France, cardinal.
　Très-belle épaeuve avant la lettre. La croix du prélat n'est pas encore terminée.

160 — Sales (Saint François de) en pied, assis dans un fauteuil.
　Très-belle épreuve.

161 — Seguier (Pierre), chancelier de France, dans une bordure ovale.
　Très-belle épreuve.

162 — Ventadour (Louis-Hercule de Levis de), évêque de Mirepoix.
　Superbe épreuve.

HURET et AUTRES

163 — Figures de l'entrée solennelle de Louis XIII à Lyon, le 11 décembre 1622. 19 pièces.

HURET et HABERT

164 — Portraits du R. P. Charles de Gondren, second général de l'oratoire. 2 pièces.

HURET, LASNE et C. DE PASSE

165 — Titres de livres où sont représentés Louis XIII, Richelieu, Henri IV, etc. 7 pièces.

JODE (P. DE)

166 — Anne d'Autriche, reine de France. Petit portrait in-8.
　Très-belle épreuve.

JODE (P. DE)

167 — Montmorency (Henri, duc de), mareschal de France.
Superbe épreuve.

168 — Wallenstein (Albert, comte de), d'après Van Dyck.
Superbe épreuve du 1er état, avec l'adresse de Martin Vanden Enden.

ISAAC (J.)

169 — Baillou (Guillaume de), docteur en médecine de la faculté de Paris.
Très-belle épreuve.

170 — Charondas le Caron (Louis), jurisconsulte et lieutenant-général du bailliage de Clermont en Beauvais.
Très-belle épreuve.

171 — Louis XIII, roi de France, portrait équestre; le fond représente la fuite des espagnols devant Leucate.
Très-belle épreuve.

172 — Louis XIII, roi de France, à cheval.
Très-belle épreuve

173 — Anne d'Autriche, reine de France. Portrait in-fol. dans un entourage d'ornements, d'après Rubens; le fond est semé de fleurs de lis.
Très-belle épreuve.

174 — Louis XIV, roi de France. Ce portrait est le pendant du précédent.

175 — Titre des mémoires des Gaules, dans le haut Louis XIII sur son trône est couronné par deux figures allégoriques.
Très-belle épreuve.

KERIUS (P. Ex.)

176 — Mariage de Louis XIII et Anne d'Autriche, un ange préside à leur union.
Très-belle épreuve.

LADAME

177 — L'Espagnol dépouillé. Pièce satyrique contre les Espagnols à l'occasion de la prise de Perpignan et autres villes.

LAGNIET et AUTRES

178 — Pièces satyriques contre les Espagnols à l'occasion de la prise de différentes villes. 7 pièces.
Très-belles épreuves.

179 — Estampes satyriques sur la prise d'Arras. 3 pièces.
Très-belles épreuves.

LAGNIET

180 — Pièce satyrique au sujet de la bataille de Leucate, gagnée par les Français sur les Espagnols, en 1637.

LANDRY

181 — Brulart de Sillery (Nicolas), premier président au parlement de Bourgogne.
Très-belle épreuve.

LARMESSIN (N. DE)

182 — Turenne (Henri de la Tour d'Auvergne, vicomte de), d'après Meissonier.
Très-belle épreuve.

183 — René Potier, duc de Tresmes. — Duc de Montauzier. — Gaston d'Orléans. — Chancelier Seguier. Comte de Soissons, etc. 7 pièces.
Très-belles épreuves.

184 — Seguier (Pierre), chancelier de France. Portrait en pied.

185 — La royale et magnifique audience donnée par Louis XIV, roi de France, le 1er jour de l'an 1686 ; grand almanach pour cette même année. Pièce rare.
Très-belle épreuve. Le calendrier manque.

LARMESSIN (N. DE)

186 — L'Audience donnée par le roi aux ambassadeurs du roi de Siam, le 1er septembre 1686. Grand almanach pour le 1er de l'an 1687; il n'y a pas de calendrier.
Très-belle épreuve.

LASNE (M.)

187 — Le président de Mesmes recevant une thèse qu'un jeune prêtre lui présente.
Très-belle épreuve.

188 — Grande thèse de théologie présentée au roi Louis XIII, par Louis de Saint-Amour. Grande pièce en deux feuilles.
Très-belles épreuves.

189 — Portrait de la maison royale de Fontainebleau.
Très-belle épreuve.

190 — Anne d'Autriche, reine de France, tenant le sceptre de milice de la main gauche et la droite appuyée sur un pan. Petit portrait rare.
Très-belle épreuve.

191 — Bassompierre (François de), maréchal de France.
Très-belle épreuve.

192 — Berulle (Pierre, cardinal de), fondateur de la congrégation de l'oratoire.
Très-belle épreuve.

193 — Bourbon (Louis II de), prince de Condé, dit le grand Condé. In-fol.
Très-belle épreuve.

194 — Bourbon (Henri II de), prince de Condé, premier prince du sang, père du grand Condé. In-fol.
Superbe épreuve.

195 — Portrait à mi-corps du cardinal de Berulle.

196 — Bourbon (Louis de), duc d'Enghien à l'âge de 12 ans, charmant petit portrait.

LASNE (M.)

197 — Portrait de Jacques Callot.
   Superbe épreuve.

198 — Chevalier (Nicolas), premier président à la cour des Aides.
   Très-belle épreuve.

199 — Coligny (Gaspard III, comte de), maréchal de France.
   Très-belle épreuve.

200 — Corneille (Pierre). Petit in-fol.
   Superbe épreuve.

201 — Crequy (Charles, sire de) et de Canaples, mareschal de France, lieutenant pour le roy en Dauphiné.
   Très-belle épreuve.

202 — Créquy (Charles, sire de), mestre de camp du régiment des gardes.
   Très-belle épreuve.

203 — Dreux (Bertrand de), écuyer, vétéran de la maison du roi.

204 — Espernon (Jean-Louis de La Vallette, duc d'), colonel général de l'infanterie française.
   Superbe épreuve.

205 — Ferrand (Michel), conseiller en la cour du Parlement de Paris.
   Très-belle épreuve.

206 — Guise (Henriette-Catherine de Joyeuse, duchesse douairière de).
   Très-belle épreuve.

207 — Harlay de Chanvalon (François), archevêque de Rouen, d'après Du Moustier.
   Très-belle épreuve.

208 — Laffemas (Isaac de), conseiller d'État, maître des requêtes et lieutenant civil.
   Superbe épreuve avec de la marge.

LASNE (M.)

209 — Laffemas (Isaac de), lieutenant civil. — Le même personnage par Humbelot. 2 pièces.
Très-belles épreuves.

210 — Le Tellier (Michel), ministre d'État, puis garde des sceaux de France.
Très-belle épreuve.

211 — Antoine de Loménie, conseiller et secrétaire d'Estat.
Très-belle épreuve.

212 — Louis XIII. Portrait équestre; des Amours lui mettent une couronne de laurier sur la tête.
Très-belle épreuve.

213 — Statue équestre de Louis XIII, dans le bas une vue de Paris et sur les côtés, vues de villes prises sous son règne.

214 — Portrait en buste de Louis XIV, dauphin, au milieu de deux colonnes et de figures allégoriques. Rare.
Très-belle épreuve.

215 — Louis XIII, roi de France, debout sur un bouclier, d'une main il soutient un médaillon représentant le cardinal de Richelieu. Pièce pour une thèse.
Très-belle épreuve.

216 — Marillac (Louis de), mareschal de France.
Belle épreuve.

217 — Marillac (Michel de), chancellier de France.
Très-belle épreuve.

218 — Maupas (Henri Cauchon de), évêque du Puy, puis d'Evreux.
Très-belle épreuve.

219 — Mesmes (Jean-Jacques de) 2ᵉ du nom, seigneur de Roissy, conseiller au Parlement de Paris.
Très-belle épreuve.

LASNE (M.)

220 — Molé (Mathieu), conseiller au Parlement. — Bertrand d'Eschaux, archevêque de Tours. 2 pièces.
Très-belles épreuves.

221 — Mollet (Claude), premier jardinier du roi.
Très-belle épreuve.

222 — Montagu (frère Joachim de), grand prieur de Toulouse, etc.
Très-belle épreuve.

223 — Montmorency (Henri, duc de) maréchal de France.
Très-belle épreuves.

224 — Neufville (Nicolas de), duc de Villeroy, maréchal de France.
Très-belle épreuve.

225 — Nicéron (Le R. P. François), de l'ordre des Minimes.
Très-belle épreuve.

226 — Perron (Jacques Davy du), né à Saint-Lô en Normandie, cardinal et archevêque de Sens.
Très-belle épreuve avant la lettre.

227 — Quesnel (François), peintre.
Très-belle épreuve.

228 — Richelieu (Armand-Jean Duplessis, cardinal de), posé sur un chevalet et entouré de figures allégoriques.
Très-belle épreuve.

229 — Portraits en pied et en buste du même personnage. 4 pièces.

230 — Richelieu (le cardinal de). — Jean de St-Bonnet, seigneur de Toyras. 2 pièces.
Belles épreuves.

231 — Rochefoucault (François de La), cardinal.
Très-belle épreuve.

232 — Saint-Aoust (le comte de), maréchal de camp.
Très-belle épreuve.

LASNE (M.)

233 — Séguier (Dominique), premier aumônier du roi, évêque d'Auxerre.
Très-belle épreuve.

234 — Séguier (Pierre), chancelier de France, dans une bordure ovale entourée d'Amours qui tiennent des légendes.
Très-belle épreuve.

235 — Séguier (Pierre), chancelier de France, dans une bordure octogone.
Superbe épreuve.

236 — Séguier (Pierre), président à Mortier puis garde des Sceaux.
Très-belle épreuve.

237 — Sponde (Henri de), évêque de Pamiers. 3 épreuves de 3 états différents.
Très-belles épreuves.

238 — Suffren (Jean), jésuite, confesseur de Louis XIII et de Marie de Médecis.
Très-belle épreuve.

239 — Urbain VIII, pape.
Superbe épreuve.

240 — Verdun (Nicolas de), premier président au Parlement de Paris.
Superbe épreuve.

241 — Verdun (Nicolas de), premier président au Parlement de Paris.
Belle épreuve.

242 — Vignerod (Jean-Baptiste Amador, abbé de Richelieu.
Superba épreuve.

243 — J. Doublet. — René de Longueil. — P de Marcassus. — Scipion Dupleix. — David de Planco Campi, médecin du roi, etc. 6 pièces.
Très-belles épreuves.

LASNE (M.)

244 — Nicolas le Jay, président au Parlement, Marie de Médecis. — B. Baro, etc. 6 pièces.

245 — J. Suffren. — P. Leclerc. — Etienne Binet. — Le père Joseph, P. Peteau, pères de la Société de Jésus. — S. de Marquemont. — Claude de Rueil. — P. Habert, évêques, etc. 8 pièces.

Très-belles épreuves.

LASNE et MELLAN

246 — Richelieu (Armand-Jean Du Plessis de), cardinal. 2 portraits.

Très-belles épreuves.

LE BEAU

247 — Richelieu (Armand Duplessis, cardinal de).

Très-belle épreuve.

LE BERT

248 — Marion Delorme. — Marie de Gonzague. — Cinq-Mars. — Philibert, comte de Grammont. — Buckingham. — Duchesse de Chevreuse. — 7 petits portraits.

LE BLOND

249 — Portrait de Louis XIII dans le costume du Ballet d'Armide, donné au Louvre le 24 janvier 1617.

Superbe épreuve.

250 — Val (André du), professeur de théologie, doyen de la Faculté de Paris. Le même personnage par M. Lasne. 2 pièces.

Très-belles épreuves.

251 — Marie de Médicis, reine de France.

Très-belle épreuve.

252 — Fevret (Charles), seigneur de Saint-Memin et Godan.

LE CLERC (A Paris, chez)

253 — Louis XIII, en buste dans un ovale, de chaque côté des guerriers, en haut une bataille.
Très-belle épreuve.

LE CLERC ET AUTRES

254 — Pièces relatives à la prise de La Rochelle, portraits équestres de Louis XIII. 4 pièces.

LEFEBVRE

255 — Patin (Charles), docteur en médecine.
Très-belle épreuve.

LENFANT (J.)

256 — Lescot (N.), chanoine de l'église de Paris.
Très-belle épreuve.

LEU (Th. de) et FIRENS

257 — Cérémonies observées au sacre et couronnement du très-chrestien roy de France et de Navarre, Louis XIII. Deux compositions différentes, d'après Quesnel. Ces deux estampes ont été gravées pour être collées l'une à l'autre et ne former qu'une seule pièce ; de la plus grande rareté ; elles sont entourées d'une légende explicative et d'une bordure. Celle gravée par Th. de Leu est décrite dans le Xe vol de Rob. Dumesnil, publié par Georges Duplessis.
Épreuves superbes.

LEU (Th. de)

258 — Arlensis de Scudalpis (Pierre), médecin, chimiste et littérateur (R. D. 301).
Très-belle épreuve.

LEU (Th. de)

259 — Beaugrand (Jean de), maître à écrire, bibliothécaire et lecteur du roi, d'après Dumoustier (R. D. 313).
Superbe épreuve.

260 — Bourbon (Charles II, cardinal de), proclamé roi pendant la Ligue sous le nom de Charles X (R D. 321).
Belle épreuve. *Blondal*

261 — Bourbon (Charles de), connétable de France (R. D. 323).
Belle épreuve.

262 — Broë (Bon de), président au Parlement de Paris (P. D. 328).
Épreuve avec le texte au verso.

263 — Conti (François de Bourbon, prince de) (R. D. 349).
Superbe épreuve.

264 — Lorraine (Louise de), princesse de Conti. (R. D. 352).
Très-belle épreuve.

265 — Gondi (Pierre de), grand aumônier, évêque de Langres, puis de Paris, et cardinal (R. D. 375).
Très-belle épreuve.

266 — Habicot (Nicolas), anatomiste à Paris (R. D. 384).
Très-belle épreuve avant l'adresse de Mariette.

267 — Louis XIII, roi de France, portrait équestre (R. D. 444).
Très-belle épreuve.

268 — Louis XIII, roi de France, portrait équestre (R. D. 445).
Très-belle épreuve.

269 — Maine (Charles de Lorraine, duc du) (R. D. 448).
Très-belle épreuve; les vers du bas manquent.

270 — Montmorency (Henri Ier du nom, duc de), connétable de France (R. D. 462).
Très-belle épreuve. *Blondal*

LEU (Th. de)

271 — Nevers (Charles de Gonzague duc de (R. D. 469).
Très-belle épreuve.

272 — Soissons (Charles de Bourbon, comte de) (R. D. 488).
Superbe épreuve.

273 — Servin (Louis), avocat général au Parlement de Paris et conseiller d'État (R. D. 486).
Très-belle épreuve.

274 — Vendôme (Charles de Bourbon, cardinal de) (R. D. 500).
Belle épreuve.

275 — Villeroy (Nicolas de Neufville, seigneur de), secrétaire d'État. (R. D. 504).
Belle épreuve.

LOCHON

276 — Le Matin et le Midi. Deux pièces en largeur représentant l'une Louis XIII à table et l'autre se promenant dans un jardin avec les personnages de la cour.
Très-belles épreuves. Rares.

277 — Louis XIII et Anne d'Atriche. Deux portraits faisant pendant, plus le portrait de Louis XIII par P. de Jode, etc. 4 pièces.

278 — Séguier (Dominique), doyen de l'église de Paris, évêque d'Auxerre.
Superbe et rare épreuve avant le nom du graveur.

279 — Chevreuse (Claude de Lorraine, duc de), d'après Just. d'Egmont.
Très-belle épreuve.

280 — Portrait de saint François de Salles, petit ovale entouré d'ornement.
Très-belle épreuve.

LOCHON

281 — Luillier de Ste-Beuve (Madeleine), institutrice des religieuses Ursulines et fondatrice de leur premier monastère au faubourg Saint-Jacques.
Très-belle épreuve.

282 — Talon (Denis), président à mortier au Parlement de Paris.
Très-belle épreuve.

LOMBART (B.)

283 — Daillé (Jean), ministre calviniste à Charenton, plus deux portraits du même personnage, par Montcornet et Desrochers. 3 pièces.

284 — Chassebras (Gabriel), de la Grand'Mâison, conseiller en la cour des Monnaies.
Très-belle épreuve.

285 — Petau (Paul), conseiller au Parlement de Paris.
Très-belle épreuve.

LOUYS (J.).

286 — Louis XIII, roi de France, dans un entourage d'ornements, d'après Rubens.
Très-belle épreuve avant le numéro.

LUBIN

287 — J. Sirmond. — Denis Petau. — F. Sarrasin. — Vincent Voiture. 4 pièces. *Boyer*

LUIKEN (G.)

288 — Assassinat de Henri IV, pièce publiée en Hollande.
Très-belle épreuve.

MAROT

289 — Vue du Temple de Charenton que Louis XIII fit reconstruire en janvier 1624.

MATHEUS

290 — Gournay (Marie de Jars, demoiselle de), fameuse par ses liaisons avec Montagne, qui la prit pour sa fille d'alliance.
Très-belle épreuve.

291 — Marque (Jacques de La), chirurgien juré à Paris.
Belle épreuve.

MATHONIÈRE (N. de)

292 — Les Alliances de la France avec l'Espagne par les mariages de Louis XIII, roi de France et de Navarre, avec Anne d'Autriche, et de Philippe d'Autriche et Madame, sœur du roi, représentées dans l'intérieur de la cathédrale de Bordeaux. Pièce de la plus grande rareté.
Superbe épreuve très-bien conservée.

293 Le même sujet traité différemment. Pièce également très-rare, avec vers français et espagnols en bas, plus une légende explicative; de la plus belle conservation, avec de la marge.
Magnifique épreuve.

294 — Les Heureuses alliances de la France avec l'Espagne, par les mariages de Louis XIII, roy de France et de Navarre avec Anne d'Autriche et de Philippe d'Autriche avec Elizabeth de Bourbon. Cette inscription est en haut du sujet; en bas la même inscription en espagnol. La reine Marie de Médecis qui dans les deux pièces précédentes est représentée en grand costume, est ici en costume de veuve.
Superbe épreuve.

295 — La Vraye représentation du siége, plan, assieste, et fortifications de la ville de Saint-Jean d'Angely, réduite à l'obéissance du roi Louis XIII, le vingt-cinquième jour de juin 1621 et la sortie des gens de guerre hors d'icelle. Grande pièce gravée sur bois avec légende. Rare.

MERLEEN (Th. Van)

296 — Neufville (Charles de), seigneur d'Halincourt et de Villeroy.
Très-belle épreuve.

MELLAN (Cl.)

297 — Anne d'Autriche, reine de France.
Très-belle épreuve.

298 — Bouthillier (Victor Le), archevêque de Tours.
Très-belle épreuves.

299 — Frontenac (Henriette-Marie de Buade), comtesse de Montmor.
Très-belle épreuve.

300 — Gonzague (Louise-Marie de), reine de Pologne.
Très-belle épreuve.

301 — Lorraine (Louis-Joseph de), duc de Guise.
Très-belle épreuve.

302 — Molé (Mathieu), garde des sceaux.
Très-belle épreuve.

303 — Louis XIII à cheval et foulant aux pieds des dépouilles guerrières, d'après Ziarnko.

304 — Habert de Montmor (Henri-Louis), conseiller d'État et maître des requêtes.
Très-belle épreuve.

305 — Nesmond (François-Théodore de), président à mortier au Parlement de Paris.
Très-belle épreuve.

306 — Orléans (Louis d'), avocat au Parlement de Paris, d'après Ziarnko.
Très-belle épreuve.

307 — Rebé (Claude de), archevêque de Narbonne.
Très-belle épreuve.

308 — Séguier (Pierre), chancelier de France.
Très-belle épreuve.

MELLAN.

309 — Ventadour (Anne de Lévis, duc de), archevêque de Bourges.
   Très-belle épreuve.

310 — Villemontée (François de), évêque de Saint-Malo.
   Très-belle épreuve.

311 — Bentivoglio. — Alphonse, cardinal de Richelieu. — Différents portraits de Richelieu, etc., 7 pièces.
   Très-belles épreuves.

312 — Claude Mellan. — M. de Marolles. — Anne de La Brosse. — Sœur Françoise Habert. — Comte d'Alais. — Henri de Montmorency. — Maréchal de Toiras. — Claude de Marolles. — Ch. de Créqui, etc., neuf pièces.
   Très-belles épreuves.

313 — N. C. F. de Peirese. — P. Cassendi. — le Père Leonardus, capucin. — P. Le Camus, évêque de Belley. — Charles de Gondren, supérieur de l'Oratoire, etc., six pièces.
   Très-belles épreuves.

314 — L. Berrier. — de Beaulieu. — Tristan L'Hermite. — Balzac. — F. Maynard. — J. Barclay. — J. Trullier, etc., huit pièces.

MERIAN (Mathæus).

915 — Portrait in-fol. équestre de Louis XIII, roi de France, avec panaches et ornements; dans le fond une vue de Paris. Pièce très-rare.
   Superbe épreuve.

316 — Carousel fait à la place Royale, à Paris, les v, vi, vii avril 1612, à l'occasion des fiançailles du roi Louis XIII et Anne d'Autriche. Très-belle pièce. Rare.
   Superbe épreuve.

MERIAN (Mathœus)

317 — Portrait du magnifique bastiment de la Maison de ville de Paris, grande pièce in-fol., sur le devant le feu Saint-Jean.

318 — Topographie de France, tirée de Mathieu Merian; vues de villes, plans de batailles, sièges, vues de Paris, etc., 127 pièces.

MESSAGER (Ex.).

319 — Louis XIII, roi de France, à cheval, coiffé d'un chapeau à grands bords, plus la copie de la même pièce, publiée en Hollande.
Très-belles épreuves.

MONTAGNE (N. de Platte).

320 — Berulle (Pierre cardinal de), d'après Champaigne. (R. D. 20.)
Très-belle épreuve.

321 — Marie de Médicis, reine de France, d'après Porbus. (R. D. 25.)
Très-belle épreuve.

MONTCORNET (B.).

322 — Les quatre parties du jour représentées sous la figure de Mme la duchesse d'Aiguillon, plus le portrait de la même dame, également par Montcornet. Cinq pièces.
Très-belles épreuves.

323 — Bourbon (Henri de), prince de Condé, duc d'Enghien. Portrait équestre.
Très-rare épreuve, le fond n'est pas terminé.

324 — Portrait équestre de Louis XIII.
Très-belle épreuve.

MONTCORNET (B.)

325 — Louis XIII à cheval, dans le fond la ville de Nancy.
Beau portrait, rare.

326 — Louis XIII, roi de France.
Très-belle épreuve.

327 — Montmorency (Marguerite-Charlotte de), princesse de Condé, première princesse du sang, mère du grand Condé. Petit portrait rare.

328 — Claire-Clémence de Maillé Brezé, princesse de Condé, femme du grand Condé.
Très-belle épreuve.

329 — Jean de Gassion, maréchal de France. — Jacques de Caumont, duc de La Force. Deux portraits équestres.
Très-belles épreuves.

330 — Henri de Foix, duc de Candale. — Duc de La Force. — Henri, duc de Rohan. — Duc de Longueville. — Charles de Gonzague, duc de Mantoue. — Armand de Maillé, marquis de Brezé. — Duc d'Épernon, etc. Huit pièces dont six avant les armes.
Très-belles épreuves.

331 — Benjamin de Rohan. — F. Jusseu, seigneur de Saint-Preuil. — R. de Choiseul, marquis de Praslin. — Maréchal de Créqui. — Duc de Lesdiguières, etc. Dix pièces dont quatre avant les armes.
Très-belles épreuves.

332 — Duc de Chaulnes. — Bassompierre. — V. A., duc de Savoie. — Hercule de Rohan. — Henri IIe, duc de Montmorency. — Buckingham. — Comte de Boutteville. — Duc de Chevreuse. — Maréchal de Guébriant. — Cinq-Mars, etc. Onze pièces dont huit avant les armes.
Très-belles épreuves.

MONTCORNET (B.)

333 — L. de Bourbon, comte de Soissons. — Maréchal de Toiras. — Maréchal de Brezé. — N. de L'Hospital. Maréchal d'Effiat. — Duc de Luines. — Ch. de Rambure, etc. Neuf pièces dont 7 avant les armes.
<small>Très-belles épreuves.</small>

334 — Portraits de Ch. duc de Mayenne. — Maréchal de Lavardin. — Tancrède de Rohan. — Louis de Rohan, prince de Guémené. — Maréchal d'Ancre, princes de La Trémoille, etc. Huit pièces.
<small>Très-belles épreuves.</small>

335 — Portraits de N. de Bailleul. — G. Menardeau. — H. de Mesmes. — Loménie de Brienne. — Claude Bouthillier. — M. Molé, etc. 7 pièces dont deux avant les armes.
<small>Très-belles épreuves.</small>

336 — Portraits de Cl. de Bullion. — N. Le Jay. — J. Laffemas. — H. Le Feron. — M. de Marillac. — Le président Deshameaux. — G., duc de Colligny, etc. 7 pièces dont trois avant les armes.
<small>Très-belles épreuves.</small>

337 — Edme Aubertin, ministre calviniste, à Charenton. — Mestrezat et Michel Le Faucheux, députés au synode de Charenton, le 17 janvier 1631. Trois pièces avant les armes.
<small>Superbes épreuves.</small>

338 — Portraits de H. de Sourdis. — Cardinal de Bérulle. Jean-François de Gondy. — Alphonse, cardinal de Richelieu., etc. Huit pièces dont plusieurs avant les armes.
<small>Très-belles épreuves.</small>

339 — Duchesse d'Angoulême. — Mareschalle de Guebriant. — Duchesse de Chaulne. — De La Tremoille. — De Montmorency. — Comtesse d'Harcourt. Six pièces.
<small>Très-belles épreuves; plusieurs sont avant les armes.</small>

MONTCORNET (B.)

340 — Portraits de la duchesse de Chevreuse. — Marguerite de Rohan, princesse de Léon. — Duchesse de Montbason. — Duchesse d'Orléans. — Duchesse de Longueville. Cinq pièces dont plusieurs avant les armes.
Très-belles épreuves.

MONTCORNET (Ex.).

341 — Louis XIII, roi de France, en buste dans un entourage d'ornements et de figures; en bas une vue de La Rochelle, gravée dans le genre de Sadeler.
Très-belle épreuve. Rare.

342 — Portrait de Robert Vinot, composeur des sauces; en bas, huit vers. Portrait rare.
Très-belle épreuve.

MOREAU (E.) et LAGNIET.

343 — Caricature contre le ministre protestant Dumoulin, à l'occasion de la reddition de Sedan au roi. En tête se trouve le portrait du ministre. — Estampe satyrique contre les Espagnols qui furent forcés de lever le siége de La Bassée. Deux pièces.

MOREL.

344. — Almanach pour l'an bissextil 1616, composé par M. Claude Morel; dans le haut au milieu, le Christ et de chaque côté les Familles royales de France et d'Espagne. Pièce très-curieuse et très-rare.

MORIN (Jean).

345 — Anne d'Autriche, reine et régente de France, d'après Champaigne. (R. D. 40.)
Très-belle épreuve.

346 — La même reine, en deuil de cour, d'après Champaigne. (R. D. 41.)
Très-belle épreuve.

MORIN (Jean)

347 — Arnauld d'Andilly (Robert), d'après Ph. de Champaigne. (R. D. 42.)
Très-belle épreuve.

348 — Bentivoglio (Guido), cardinal, d'après Van-Dyck (R. D. 43.)
Superbe épreuve.

349 — Brachet de La Milletière (Théophile). (R. D. 48.)
Très-belle épreuve.

350 — Camus (Jean-Pierre), évêque de Bellay. (R. D. 49.)
Très-belle épreuve.

351 — Le même Personnage, par Roussel et J. Picart. Deux pièces.
Très-belles épreuves. Rares.

352 — Chrystin (N.) (R. D. 51.)
Très-belle épreuve.

353 — Franck (Jérôme), peintre.
Très-belle épreuve.

354 — Gesvres (François Potier, marquis de), d'après Champaigne.
Belle épreuve.

355 — Grimberghe (Honorine), comtesse de Bossu. (R. D. 55.)
Très-belle épreuve.

356 — La même dame dans un âge plus avancé. (R. D. 56.)
Très-belle épreuve du 1er état.

357 — Guise (Henri de Lorraine, duc de), comte d'Eu, d'après Citermans. (R. D. 57.)
Très-belle épreuve.

358 — Harcourt (Henri de Lorraine, comte d'), grand écuyer de France. (R. D. 58.)
Très-belle épreuve.

MORIN (Jean)

359 — Henri II, roi de France, d'après Janet. (R. D. 59.)
Superbe épreuve, elle a de la marge.

360 — Henri IV, roi de France, d'après Ferdinand (R. D. 60.)
Très-belle épreuve.

361 — Jansénius (Corneille), évêque d'Ypres. (R. D. 61.)
Très-belle épreuve du 1er état.

362 — Lemon (Marguerite), maîtresse d'Antoine Van Dyck. (R. D. 62.)
Très-belle épreuve, avec de la marge.

363 — Louis XI, roi de France. (R. D. 63.)
Superbe épreuve, avec de la marge.

364 — Louis XIII, roi de France. (R. D. 64.)
Très-belle épreuve.

365 — Maisons (René de Longueil, marquis de), président à mortier. (R. D. 65.)
Très-belle épreuve.

366 — Marillac (Michel de), garde des sceaux de France. (R. D. 66.)
Très-belle épreuve.

367 — Mercier (Jacques Le), architecte. (R. D. 69.)
Très-belle épreuve.

368 — Netz (Nicolas de), évêque d'Orléans. (R. D. 70.)
Très-belle épreuve.

369 — Philippe II, roi d'Espagne, d'après Titien. (R. D. 71.)
Très-belle épreuve.

370 — Richelieu (Armand-Jean Du Plessis de), cardinal, d'après Champaigne. (R. D. 72.)
Très-belle épreuve.

371 — Sales (saint François de), évêque et prince de Genève. (R. D. 73.)
Très-belle épreuve.

MORIN (Jean)

372 — Talon (Omer), avocat général au Parlement de de Paris. (R. D. 74.)
Très-belle épreuve.

373 — Tarrisse (dom Jean-Gregoire), général de la congrégation de Saint-Maur. (R. D. 75.)
Superbe épreuve.

374 — Tellier (Michel Le), conseiller du roi en ses conseils. (R. D. 76.)
Très-belle épreuve.

375 — Thou (Augustin de), premier du nom. (R. D. 77.)
Superbe épreuve.

376 — Thou (Christophe de). (R. D. 78.)
Superbe épreuve.

377 — Thou (Jacques-Auguste de), président des enquêtes du Parlement de Paris. (R. D. 79.)
Superbe épreuve.

378 — Valois (Charles de), duc d'Angoulême. (R. D. 84.)
Très-belle épreuve.

379 — Verger de Hauranne (Jean Du), abbé de Saint-Cyran, d'après Champaigne. (R. D. 82.)
Très-belle épreuve du 1er état.

380 — Vignerod (Jean-Baptiste-Amador), abbé de Richelieu, d'après Champaigne. (R. D. 85.)
Très-belle épreuve.

381 — Villemontée (François de), d'après Champaigne. (R. D. 86.)
Très-belle épreuve.

382 — Villeroy (Nicolas de Neufville, marquis de). (R. D. 87.)
Très-belle épreuve.

383. — Vitré (Antoine), célèbre imprimeur, à Paris. (R. D. 88.)
Superbe épreuve.

NANTEUIL (Robert).

384 — Bellièvre (Pompone de), premier président au Parlement de Paris, d'après Champaigne. (R. D. 36.)
Superbe épreuve du 1er état.

385 — Bouthillier (Victor Le), archevêque de Tours. (R. D. 54.)
Superbe épreuve.

386 — Le même personnage. (R. D. 56.)
Très-belle épreuve.

387 — Castelnau (Jacques, marquis de), maréchal de France. (R. D. 58.)
Très-belle épreuve.

388 — Chapelain (Jean), membre de l'Académie française. (R. D. 60.)
Très-belle épreuve du 1er état.

389 — Charles II, de Gonzague, duc de Mantoue. (R. D. 62.)
Très-belle épreuve.

390 — Chavigny (Léon Le Bouthillier, comte de), ministre d'État. (R. D. 66.)
Très-belle épreuve.

391 — Dupuy (les deux frères Pierre et Jacques), sur la même planche. (R. D. 89.)
Très-belles épreuves du 1er état.

392 — Espernon (Bernard de Foix de La Valette, duc d'). (R. D. 91.)
Superbe et rare épreuve du 1er état, avant l'année.

393 — Guébriant (Jean-Baptiste Budes, comte de), maréchal de France. (R. D. 104.)
Superbe épreuve du 1er état, avec une grande marge.

394 — Jeannin (Pierre), surintendant des finances. (R. D. 112.)
Superbe épreuve.

395 — La Meilleraye (Charles de La Porte, duc de), maréchal de France. (R. D. 118.)
Superbe épreuve.

NANTEUIL (Robert)

396 — Le Coigneux (Jacques), président à mortier au Parlement de Paris. (R. D. 125.)
Très-belle épreuve.

397 — Le Masle (Michel), prieur des Roches, chantre et chanoine de l'église de Paris. (R. D. 126.) — Le même personnage, par M. Lasne.
Très-belles épreuves.

398 — Le Vayer (François de La Mothe), conseiller d'État. (R. D. 143.)
Très-belle épreuve.

399 — Loménie de Brienne (Henri-Auguste de), secrétaire d'État. (R. D. 148.)
Superbe épreuve du 1er état.

400 — Longueville (Henri d'Orléans, IIe du nom, duc de), d'après Champaigne. (R. D. 149.)
Très-belle épreuve.

401 — Mazarin (Jules), cardinal et ministre d'État (R. D. 184).
Très-belle épreuve du 1er état.

402 — Ménage (Gilles), homme de lettres (R. D. 188).
Superbe épreuve.

403 — Mesmes (Henri de), président à mortier au Parlement de Paris (R. D. 191).
Très-belles épreuves du 1er état.

404 — Molé (Édouard), président à mortier au Parlement de Paris (R. D. 193).
Très-belle épreuve.

405 — Molé (Mathieu), garde des sceaux (R. D. 194).
Superbe épreuve.

406 — Molé (François), abbé de Sainte-Croix de Bordeaux, puis maître des requêtes (R. D. 195).
Très-belle épreuve.

407 — Nesmond (François-Théodore de), président à mortier au Parlement de Paris (R. D. 201).
Très-belle épreuve.

NANTEUIL (Robert)

408 — Poncet (Pierre), maître des requêtes, puis conseiller d'État (R. D. 215).
Superbe épreuve du 2ᵉ état.

409 — Scudéri (Georges de), membre de l'Académie française (R. D. 221).
Superbe épreuve.

410 — Voiture (Vincent), membre de l'Académie française (R. D. 234).
Superbe épreuve avec de la marge.

411 — Séguier (Pierre), chancelier de France (R. D. 223).
Superbe épreuve du 2ᵉ état.

NOLPE (Peter)

412 — Cavalcade des bourgeois d'Amsterdam pour la reception de Marie de Médicis à Amsterdam. Grande estampe gravée en 7 feuilles.
Superbe épreuve d'une très-belle condition. [Rare. En tête est le portrait de la reine.

ODIEUVRE

413 — Vair (Guillaume Du), garde des sceaux, puis évêque de Lisieux.
Superbe épreuve avant la lettre.

414 — G. du Vair, — P. Jeannin, — P. Cotton, confesseur du roi, — Maréchal d'Ancre, — Ch. Albert, duc de Luynes, etc., etc.

PASSE (Crispin de)

415 — Portrait de Ravaillac, tenant un couteau à la main. Pièce très-rare.
Superbe épreuve.

PASSE (Crispin de)

416 — Assassinat de Henri IV; en haut le portrait du roi, en bas celui de Ravaillac, sur les côtés Louis XIII et Marie de Médicis; les angles sont remplis par la scène du supplice de Ravaillac. Pièce rare.
Très-belle épreuve.

417 — Gaston d'Orléans, frère du roi, portrait équestre; au verso se trouve imprimé le titre des triomphes de l'amour de Dieu.
Très-belle épreuve.

418 — Laudonnèire (René de), commandeur de la première flotte de France qui fut envoyée en Amérique.
Très-belle épreuve.

419 — Louis XIII en grand costume, assis sur son trône et tenant à la main le sceptre de milice.
Très-belle épreuve.

420 — Portrait équestre de Louis XIII, la couronne royale sur la tête.
Très-belle épreuve.

421 — Louis XIII et Anne d'Autriche. Deux portraits faisant pendant.
Très-belles épreuves.

422 — Louis XIII, assis sur son trône, reçoit un livre d'un médecin à genoux devant lui. Titre de livre.

423 — Louis XIII à cheval; dans le fond une bataille.
Très-belle épreuve.

424 — Marie de Médicis, reine mère du roi; dans le haut deux anges tiennent la couronne sur sa tête.

425 — Pasquier (Nicolas), maître des requêtes.
Belle épreuve.

PASSE (Crispin) et ISAAC

426 — Pièces allégoriques sur Louis XIII jeune, titre de livre; en haut Louis XIII à cheval.
Très-belles épreuves.

PASSE (S. DE)

427 — Marie, fille de Philippe IV, roi d'Espagne.
Très-belle épreuve.

PEREILLE (G.)

428 — La prise et deffaicte et prise généralle des chats d'Espagne par les ratz françois, devant la ville et cité d'Arras. Pièces satyrique au sujet de la prise d'Arras.
Très-belle épreuve.

PESNE (J.)

429 — La femme adultère, — L'Enlèvement de la Vérité, l'Assomption, — Pierre et Jean à la porte du Temple, etc. Six pièces d'après N. Poussin.
Très-belles épreuves.

PICART (J.)

430 — Almanach pour l'an de grâce mil vi c xxxv, dédié au très-chrestien roi de France et de Navarre Louis XIII ; dans le haut est représentée la réconciliation de Louis XIII avec son frère Gaston d'Orléans. Pièce très-rare.

431 — Gondy (Jean-François de), premier archevêque de Paris, — Gondy (Pierre de), évêque de Langres, par Duflos. Deux pièces.
Très-belles épreuves.

432 — Louis XIII, cuirassé, est à cheval au milieu d'une bordure dans laquelle sont représentés : le Siége de Casal, Suze, Pignerol ; et la levée du Siége de Casal, d'après A. Bosse (D. 16).
Très-belle épreuve.

433 — Schombert (Charles de), duc d'Hallwin, gouverneur et lieutenant général pour le roi en Languedoc.
Très-belle épreuve.

PICART (J.)

434 — Sourdis (Henri d'Escoubleau de), archevêque de Bordeaux.
Très-belle épreuve.

435 — Toyras (Jean de Saint-Bonnet, seigneur de), maréchal de France.
Très-belle épreuve.

PICART (J.) et J. VAN MERLEN

436 — François de Harlay, archevesque de Rouen, — Achilles de Harlay, premier président au Parlement de Paris, — Achilles de Harlay, évesque de Saint-Malo. Trois pièces.

PICART (R.)

437 — Tombeau du cardinal de Richelieu et vues de la Sorbonne. Neuf pièces.

PICQUET

438 — Loubaissin (François) de la Marque, âgé de 29 ans. Charmant petit portrait. Rare.
Très-belle épreuve.

439 — François de Molière, sieur d'Essertines, âgé de 18 ans, d'après Du Moustier. Charmant petit portrait.
Superbe épreuve.

440 — Renol (Pierre de), sieur de Verte-Lame. Charmant petit portrait.
Très-belle épreuve.

441 — Richelet (Nicolas), — Antoine Faber, par Fornazeris. Deux pièces.

PITAU

442 — Savoye (Christine de France, fille de Henri IV, femme de Victor Amédée, prince de Piémont, depuis duc de).
Superbe épreuve d'un portrait rare.

PITAU

443 — Vincent de Paul (Saint), instituteur et premier supérieur général des prêtres de la mission et des filles de la Charité, d'après Simon François.
Superbe épreuve, avec de la marge.

PLUVINEL

444 — L'Instruction du roi ou l'Exercice de monter à cheval. Trente-huit pièces.

POILLY (F.)

445 — Bailleul (Louis de), président à mortier au Parlement de Paris.
Superbe épreuve.

446 — Bouchu (Jean), premier président de Dijon.
Très-belle épreuve.

447 — Bullion (Noël de), marquis de Galardon, garde des sceaux des ordres du roi, d'après Champaigne.
Très-belle épreuve.

448 — Fouquet (Basile), abbé de Barbeaux et de Rigny, chancelier des ordres du roi.
Très-belle épreuve.

449 — Gaston, duc d'Orléans.
Très-belle épreuve.

PONTIUS (P.)

450 — Gustave Adolphe, roi de Suède, d'après VanDyck.
Très-belle épreuve avec l'adresse de Martin Vanden Enden.

451 — Marie de Médicis, reine de France, d'après VanDyck.
Très-belle épreuve.

RAGOT (F.)

452 — Laubespine (Charles de), seigneur de Châteauneuf, garde des sceaux de France, d'après Du Moustier.
Très-belle épreuve.

453 — Noailles (Charles de), évêque de Saint-Flour.
Très-belle épreuve.

454 — Philippe IV, roi d'Espagne.
Très-belle épreuve.

REGNESSON (Nicolas)

455 — Buridan (Jean-Baptiste de), docteur et professeur ordinaire ès-droits en l'Université de Reims.
Très-belle épreuve.

456 — Fremin (Antoine), secrétaire de Marie de Médicis.
Très-belle épreuve.

457 — La duchesse de Longueville, d'après Chauveau. Charmant petit portrait, petit in-4.
Belle épreuve.

458 — Orléans (Anne-Marie-Louise d'), duchesse de Montpensier, dite la grande Mademoiselle, fille de Gaston d'Orléans.
Très-belle épreuve.

ROUSSELET (C.)

459 — Grande thèse de philosophie, dédiée à M. de Bouthilier, par Louis Gérard, d'après Le Brun.
Très-belle épreuve.

460 — Grande thèse de philosophie, dédiée au chancelier Séguier, par Ch. Gérard Du Tilly.
Très-belle épreuve.

461 — Matignon (Léonor Goyon de), évêque de Contances, puis de Lisieux, d'après Guignard.
Très-belle épreuve.

462 — Séguier (Pierre), chancelier de France, d'après Le Brun, etc. Deux pièces.

ROUSSELET (C.)

463 — Valois (Charles de), duc d'Angoulesme, comte d'Auvergne et d'Alais.
Très-belle épreuve.

RURENS (D'APRÈS)

464 — Pièces tirées de la galerie du Luxembourg, peinte par Rubens, représentant l'histoire de Marie de Médicis. Onze pièces, par différents graveurs.
Très-belles épreuves avant les n°*.

SAVRY (S.)

465 — Histoire de l'entrée de la reine-mère du roi très-chrétien, dans la Grande-Bretagne, par le sieur de La Serre. Suite de quatorze pièces y compris le titre.
Très-belles épreuves.

SAVRY (S.), MOYAERT et N. VISCHER

466 — Suite des 17 estampes décorant le livre de l'entrée de Marie de Médicis à Amsterdam.

SCALBERGE (F.)

467 — Jardin du roi pour la culture des plantes médicinales, à Paris, 1636.
Très-belle épreuve.

SCHUPPEN (P. VAN)

468 — Eustache Le Sueur; le même personnage par un anonyme. Deux pièces.
Très-belles épreuves.

469 — Louis XIV, roi de France, d'après Vaillant.
Très-belle épreuve.

470 — Pithou (Pierre), jurisconsulte célèbre.
Très-belle épreuve.

SCHUPPEN (Van)

471 — Pithou (François), sieur de Bierne, jurisconsulte.
Très-belle épreuve.

472 — Séguier (Pierre), chancelier de France, d'après C. Le Brun.
Superbe épreuve.

SERONA (Vittoria)

473 — Henri de Lorraine, comte d'Harcourt, dit le Cadet à la Perle. Portrait in-fol., équestre.
Très-belle épreuve.

SOLINHAC

474 — Gaillard (Pierre de), président à mortier au Parlement de Provence.
Très-belle épreuve.

SOMPEL (P. VAN)

475 — Marguerite de Lorraine, femme de Gaston d'Orléans, d'après Van-Dyck.
Très-belle épreuve avant le n°.

476 — Médicis (Marie de), reine de France, dans un entourage d'ornements, d'après Van-Dyck.
Superbe épreuve avant le n°.

477 — Rodolphe II, roi de Hongrie et de Bohême.
Très-belle épreuve.

STOCK (A.)

478 — Maurice de Nassau, prince d'Orange, gouverneur des Pays-Bas.
Très belle épreuve.

SUYDERHOEF (J.)

479 — Descartes (René), célèbre philosophe et mathématicien, d'après F. Hals.
Très-belle épreuve du 1er état avec l'adresse de P. Gros.

480 — Les bourgmestres d'Amsterdam recevant un envoyé de Marie de Médicis, d'après T. Keyser.
Belle épreuve.

TAVERNIER (M.)

481 — Description de l'ordre tenu par l'armée du roi, commandée par messeigneurs les maréchaux de Chastillon et de Brezé, en la bataille donnée contre le prince Thomas, commandant l'armée d'Espagne, le 20 mai 1635, dans la plaine d'Avein. Grande pièce avec légende.

482 — Plan du blocus de la Rochelle. — Plan du siége de La Rochelle. Deux pièces avec légendes, publiées en 1627.

TAVERNIER et DESMOULINS

483 — Plans des îles Sainte-Marguerite et Saint-Honorat, où le comte d'Harcourt fit une descente en 1637.

JEAN TORTOREL et JACQUES PERISSIN

484 — Tableaux des guerres, massacres, troubles et autres événements remarquables advenus en France de 1559 à 1570. Suite de quarante planches in-fol. (R. D. 1. 40). 1 vol. in-fol., vél.
Très bel exemplaire; il y a deux compositions du tournoi où le roi Henri II fut blessé à mort, le dernier jour de juin 1559. L'une sur cuivre, l'autre sur bois, en tout 41 planches.

TROUVAIN

485 — Bourgogne (Marie-Adélaïde, princesse de Savoie, duchesse de). — Louis-Auguste de Bourbon, duc du Maine. Deux pièces.
Très-belles épreuves.

VALDOR (J.)

486 — Figures décorant le livre intitulé: Devises des rois, princes et généraux d'armée qui ont assisté Louis le Juste combattant, avec leur exposition, par Charles Beys. Soixante pièces dont beaucoup de portraits.

VIENOT

487 — Portrait du maréchal de La Force.
Belle épreuve.

488 — Gaston, duc d'Orléans.
Belle épreuve.

489 — Louis XIII, roi de France, d'après Pellerin.
Très-belle épreuve.

VISSCHER (C.)

490 — Philippe IV, roi d'Espagne, d'après Rubens.
Très-belle épreuve.

491 — Philippe IV, roi d'Espagne, d'après Rubens.
Très-belle épreuve.

VORSTERMAN (L.)

492 — Maugis (Claude), conseiller et aumônier du roi Louis XIII.
Belle épreuve.

493 — Peirese (Nicolas-Fabrice de), d'après Van-Dyck.
Très-belle épreuve avec l'adresse de Martin Vanden Enden.

VOERST (R. VAN)

494 — Mansfeld (Ernest, prince et comte de), d'après Van-Dyck.
Très-belle épreuve.

VOUILLEMONT (S.)

495 — Marcillac (Silvestre de), évêque de Mende.
Très-belle épreuve.

WIERIX (H).

496 — Lorraine (Philippe-Emmanuel de), duc de Mercœur et de Penthièvre.
Très-belle épreuve. Rare.

ZIARNKO

497 — Carrousel et feu d'artifice faits à la place Royale à Paris, les V, VI et VII avril 1612. Pièce de la plus grande rareté et de la plus belle exécution.
Magnifique épreuve d'une très-belle condition.

498 — La même pièce copiée en plus petit, par Meier.
Très-belle épreuve.

499 — Carrousel et feu d'artifice faits à la place Royale à l'occasion des fiançailles de Louis XIII et Anne d'Autriche. Composition toute différente de celle indiquée ci-dessus, et plus petite.
Superbe épreuve. Très-rare.

500 — Tableau et emblème de la détestable et malheureuse fin du maistre Coyon (maréchal d'Ancre). Pièce de la plus grande rareté, avec légende explicative.
Superbe épreuve.

501 — Le même sujet traité différemment. Pièce très-curieuse publiée en Hollande, très-rare.
Très-belle épreuve.

502 — Plan de la seconde séance de l'Assemblée de notables, tenue à Rouen le samedi 9 décembre 1617.
Très-belle épreuve. Rare

DESSINS

LASNE (M.)

503 — Soissons (Charles de Bourbon, comte de). Charmant dessin aux trois crayons.

MONTCORNET

504 — Portrait équestre de Louis XIII; dans le fond une bataille; à la plume lavé d'encre de Chine.

VIVIEN (Jos.)

505 — Mariage de Philippe d'Anjou avec l'infante d'Espagne, plus tard (Philippe V, roi d'Espagne). Dessin à la plume lavé d'encre de Chine.

506 — Sous ce numéro seront vendus un grand nombre de gravures, portraits et pièces historiques de l'époque Louis XIII.

www.ingramcontent.com/pod-product-compliance
Lightning Source LLC
LaVergne TN
LVHW020045090426
835510LV00040B/1410